Dieses Buch gehört

Liebe Eltern,

wir wollen Ihr Kind beim Lesenlernen unterstützen, und zwar mit spannenden und lustigen Geschichten.

Unsere Bücher mit der liebenswerten Bildermaus begleiten Ihren Sohn oder Ihre Tochter durch die Vorschule. Sie enthalten kurze Geschichten mit einfachen Sätzen sowie großer und leicht lesbarer Schrift. Hauptwörter werden durch kleine Bilder ersetzt. Lesen Sie die Geschichten vor und lassen Sie Ihr Kind die Bilder selbst benennen. Am Ende finden Sie eine Bild-Wörterliste mit den einzelnen Bedeutungen. Viele bunte Illustrationen sorgen außerdem für Lesepausen und helfen, die Geschichte zu verstehen.

So wird der Spaß am Lesen geweckt, und Ihr Kind wird ganz nebenbei von der Bildermaus zum echten Leselöwen!

Ihre

Bildermaus

Bildermaus

Katharina Wieker

Rittergeschichten

Illustriert von der Autorin

Loewe

www.bildermaus.de

FSC
www.fsc.org
MIX
Papier aus verantwortungsvollen Quellen
FSC® C109273

ISBN 978-3-7432-0254-2
1. Auflage 2019

Umschlag- und Innenillustrationen: Katharina Wieker
Umschlaggestaltung: Ramona Karl
Vignetten Bildermaus: Angelika Stubner
Reihenlogo nach einem Entwurf von Angelika Stubner
Printed in the EU

www.loewe-verlag.de

Inhalt

Ein fitter Ritter

Walter von der Knödelheide will gerade in eine saftige 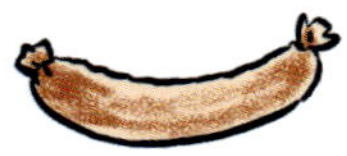 beißen, als ein atemloser  durch das  der  reitet. Der  springt vom  und überreicht Walter einen 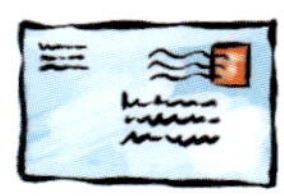.

„Von der “, keucht er.

Er lässt sich auf einen  fallen.

„Bringt dem  eine 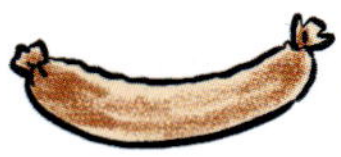!“,

schreit Walter. Dann liest er laut

den  der  vor.

Hallo Walter,

komm zum jährlichen 

der fitten  ins .

Zieh deine schicke  an

und vergiss nicht wieder

dein  und deine 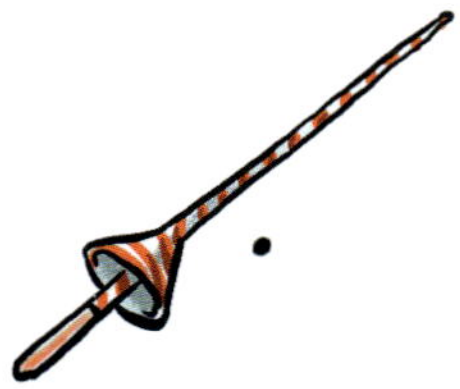.

Sonst  ab!

Deine allerliebste 

Kunigunde

„Da haben wir den “, denkt

Walters  Kamembert.

Er nimmt Walter den  weg.

„Zieh deine  an“, sagt er.

„Ich warte im  auf dich.“

Walter macht ein trauriges .

Aber mit der  ist nicht zu

spaßen. Der  muss weg, sonst

passt die schicke  nicht.

Im  muss Walter zehnmal

hüpfen wie ein .

Dann scheucht Kamembert ihn

über die  zu den .

Die  staunen und die 

wiehern. Einen , der zu 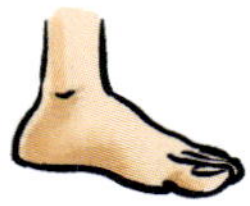

geht, haben sie noch nie gesehen.

„Schneller!“, ruft Kamembert.

Walter läuft über die große .

Er springt über  und .

Im  muss er vor einem 

davonlaufen. Da läuft er plötzlich

besonders schnell.

Als er wieder an der 

ankommt, ist sein  knallrot.

Der  lässt Walter im 

schwimmen. Dreimal um die !

„Ab heute gibt es nur noch 

und  “, sagt der ,

als Walter ans  krabbelt.

„Ich bin doch keine  “,

meckert Walter. Aber nur leise.

Ab jetzt muss der  im 

laufen und im  schwimmen,

sobald die  aufgeht. Danach

muss er mit dem  trainieren.

Ob ihm die  jetzt wieder passt?

Beim  pfeift die 

bewundernd durch die .

Weil er jetzt starke  hat,

gewinnt Walter gegen alle

anderen !

Die  gratuliert ihm und

überreicht ihm einen goldenen .

Die  applaudieren.

Und auf der  futtert Walter

erst mal eine saftige 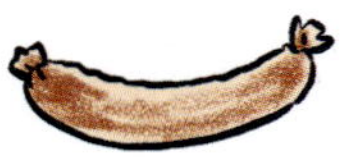!

Der freche Drache

Die  auf dem  hängt verkohlt herunter. „Da hat der  eingeschlagen“, vermutet  Kamembert. „Ein  namens Faffi“, erwidert Walter ärgerlich. „Dieser freche  kommt immer, wenn die  reif sind.“

„Jetzt muss ich eine neue 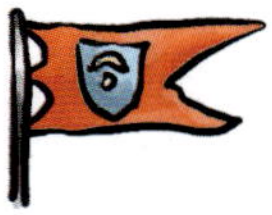

nähen“, seufzt Uta, Walters .

„Dabei hatte ich gerade genug 

für ein schickes  zusammen.“

Uta färbt den 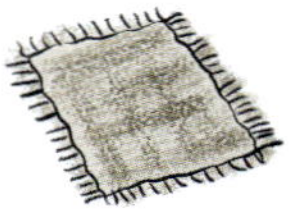 in einem 

rot und hängt ihn an die .

Danach stickt sie mit bunten 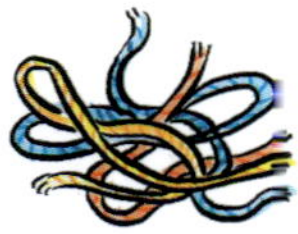

Walters  auf. Sie näht

die 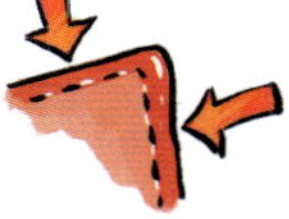 um. Das geht schwer!

Uta sticht sich mit der  in

den 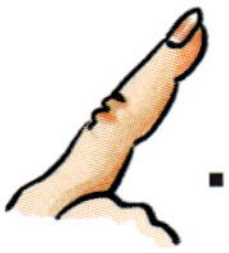. „Gut, dass der 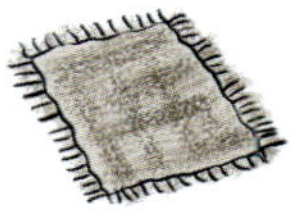 rot ist.

Da sieht man das  nicht“, meint

Walter. „Die nächste  kannst

du selber nähen!“, ruft Uta empört

und verschwindet in der .

Kamembert schaut hoch zum .

„Wer hängt die neue 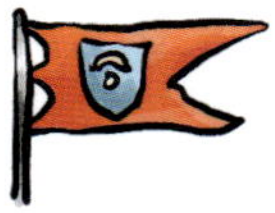 auf

das 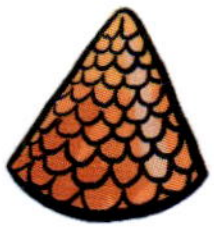?“, fragt er. „Sattel mein 

und lass dich überraschen“, sagt

Walter. Er reitet mit seinem 

zu einer .

Vor der  sonnt sich ein .

„Das hat ja ewig gedauert!“, ruft

der . „Ich bin hungrrrrig!“

Kamembert schlottern die ,

aber der  will ihn gar

nicht fressen.

„Drei  mit , wie immer,

Faffi?“, fragt Walter. Faffi nickt und

kommt gleich mit zur . Kurz

darauf flattert die neue 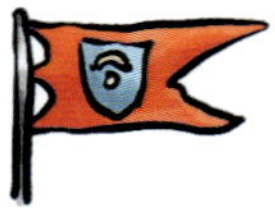

im . Der  flüstert Walter

etwas ins 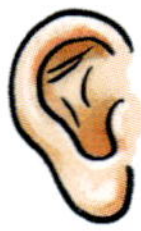.

„Hör mal!“, sagt Walter zu Faffi.

„Ab jetzt bekommst du doppelt so viel , wenn die 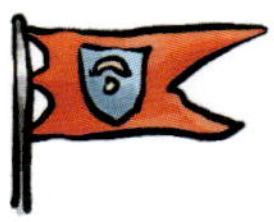 heil bleibt.“ – „Ffffantastisch!“, ruft Faffi und fliegt mit seinen  davon.

Alles Käse

Walter und sein  Kamembert

haben in der  eingekauft.

Die  sind schwer. Die 

geht unter. Es wird schon dunkel.

Aber der  bis zur  ist

noch weit. Da kommt zwischen

den  eine  in Sicht.

„Da drin schlafen wir im “,

bestimmt Walter. „Und wenn es

dort ein  gibt?“, fragt der 

ängstlich. „So ein !“, sagt

Walter. „Wegen einem  machen

wir uns doch nicht ins !“

Kamembert kann nicht schlafen.

Der  scheint durch das .

Eine  raschelt. Dann fährt

dem  plötzlich ein kalter 

über das Gesicht. „Hilfe, ein !“,

ruft er.

Walter springt auf und greift nach

seinem  . Doch er lacht.

„Das  ist nur eine  ! Sieh nur!“

Der  scheucht sie mutig durch

das  wieder nach draußen.

Auf der  erzählt Walter von

einem riesigen . Uta freut

sich über ihren tapferen .

Aber noch mehr freut sie sich über

das schöne , das er ihr aus

der  mitgebracht hat.

Wintersport

Wenn überall  liegt, gibt

es auf der  nicht viel zu tun.

Walter hockt missmutig vor

dem  im  und friert.

„Das  hält gar nicht warm“,

knurrt er mürrisch. „Aber ein 

sieht im  ja blöd aus.“

Da fliegt plötzlich ein  durch

das  und trifft den edlen 

am . „Wer war das?“, schreit

Walter empört. Er rennt hinunter

in den . Alle  jubeln.

„Wirf den  zu mir!“, ruft eines.

„Zu mir!“, ruft  Kamembert.

Aber da tritt Uta aus der .

„Zu mir!“, sagt sie und schnappt

Walter den  aus den 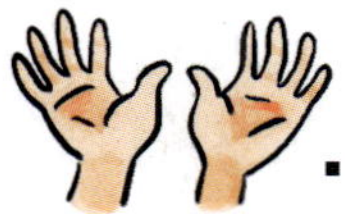.

Jetzt spielen auch die 

und  der  mit.

Sogar der  versucht, den  zu schnappen. Die  und die  schauen vom  aus zu und wundern sich mal wieder über die . Als der  schließlich im  landet, liegen alle lachend im . Kalt ist jetzt niemandem mehr, auch nicht  Walter im !

Die Wörter zu den Bildern:

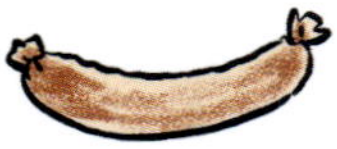
Bratwurst

Mann

Bote

Turnier

Tor

Ritter

Burg

Schloss

Pferd

Rüstung

Brief

Schwert

Königin

Lanze

Stuhl

Rübe

Salat

Knappe

Teller

Turnhose

Burghof

Gesicht

Bauch

Hampelmann

Zugbrücke

Ställe

Kühe

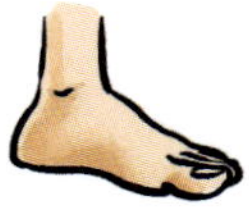

Fuß

Wiese

Zäune

Bäche

Wald

Bär

Kopf

Burggraben

Wasser

Ufer

Ziege

Sonne

Zähne

Muskeln

Pokal

Zuschauer

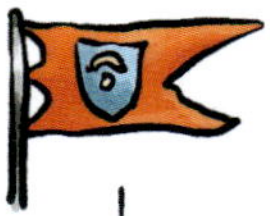

Fahne

Turm

Blitz

Drache

Äpfel

Frau

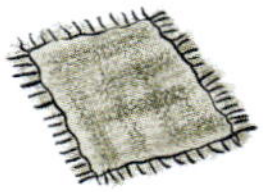

Stoff

Kleid

Kessel

Leine

Fäden

Wappen

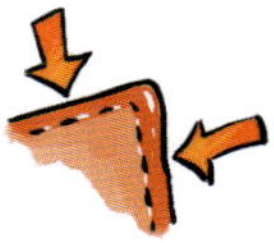

Kanten

Nadel

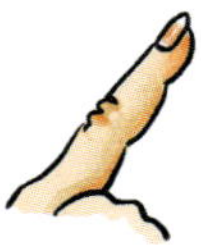

Finger

Blut

Fahnenmast

Dach

Höhle

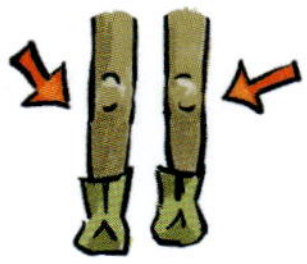

Knie

Fässer

Apfelmus

Wind

Ohr

Stadt

Packtaschen

Weg

 Bäume

 Scheune

 Stroh

 Gespenst

 Käse

 Hemd

 Mond

 Scheunentor

 Maus

 Eule

 Schnee

 Kamin

 Saal

 Kettenhemd

 Pullover

 Ball

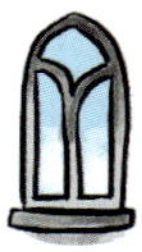 Fenster

 Kinder

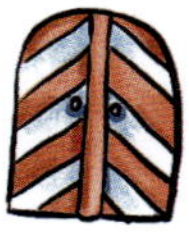

Tür

Mägde

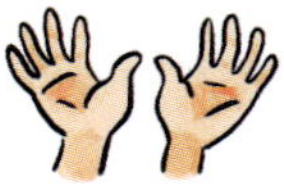

Hände

Hund

Knechte

Menschen

Katharina Wieker hat schon brömpfhundertwümpfzig Kinderbücher geschrieben und illustriert und ihr fällt immer noch etwas Neues ein. Sie lebt mit ihrer Familie in Berlin.

Noch mehr Lesespaß!

ISBN 978-3-7432-0143-9

ISBN 978-3-7432-0285-6

ISBN 978-3-7432-0294-8

ISBN 978-3-7432-0132-3